Les sons
Phonics

Première à troisième année
Grades 1-3

Écrit par/Written by Ruth Solski
Traduit par/Translated by Sophie Campbell
Illustré par/Illustrated by S&S Learning Materials

ISBN 1-55035-823-5
Copyright 2006
Revised May 2006
All rights reserved * Printed in Canada

Published in the United States by:
On the Mark Press
3909 Witmer Road PMB 175
Niagara Falls, New York
14305
www.onthemarkpress.com

Published in Canada by:
S&S Learning Materials
15 Dairy Avenue
Napanee, Ontario
K7R 1M4
www.sslearning.com

Bilingual Workbooks in French and English

Basic Skills in Language and Mathematics for:

- French Immersion
- ESL (English as a Second Language)
- FSL (French as a Second Language)
- ELL (English Language Learners)

Congratulations on your purchase of a worthwhile learning resource! Here is a ready-to-use bilingual series for busy educators and parents. Use these workbooks to teach, review and reinforce basic skills in language and mathematics. The series' easy-to-use format provides French content on the right-facing page, and the corresponding English content on the left-facing page. Comprised of curriculum-based material on reading, language and math, these workbooks are ideal for both first and second language learners.

Wherever possible, the activities in this series have been directly translated from one language to the other. This "direct translation" approach has been used with all activities featuring core skills that are the same in both French and English. For the basic skills that differ between French and English, an "adaptation" approach has been used. In the adapted activities, the French content may be very different from the English content on the corresponding page – yet both worksheets present concepts and skills that are central to each language. By using a combination of both direct translations and adaptations of the activities, this bilingual series provides worksheets that will help children develop a solid understanding of the basic concepts in math, reading and language in both French and English.

Les sons/Phonics

Les sons/Phonics is an effective resource for teaching or reviewing a wide variety of phonetic concepts. The activities in this book provide practice in the following skills: recognizing initial consonants, hard and soft *c* and *g*, long and short vowels, digraphs, blends, syllabication, antonyms, synonyms and homonyms. Exercises also provide practice in spelling and sound substitution.

Also Available
French/English Practice in...

SSY1-16   La numération/Numeration
SSY1-17   L'addition/Addition
SSY1-18   La soustraction/Subtraction
SSY1-20   La compréhension de textes/Reading for Meaning
SSY1-21   Les majuscules et la ponctuation/Capitalization & Punctuation
SSY1-22   La rédaction de phrases/Sentence Writing
SSY1-23   La rédaction de textes/Story Writing

Des cahiers d'exercices bilingues anglais-français

Connaissances langagières et mathématiques de base en :

- Immersion française
- ALS (Anglais, langue seconde)
- FLS (Français, langue seconde)
- ALM (Anglais, langue maternelle)

Félicitations! Vous avez acquis une ressource utile! Les éducateurs et les parents occupés apprécieront les cahiers de cette série bilingue prête à utiliser. Employez-les pour l'enseignement, la révision ou le perfectionnement des connaissances langagières et mathématiques de base. Dans ces cahiers, on présente le contenu anglais sur la page de gauche et le contenu français correspondant sur la page de droite, ce qui en facilite l'utilisation. Composés de notions tirées des programmes d'études en lecture, en acquisition de la langue et en mathématiques, ces cahiers conviennent parfaitement aux élèves qui apprennent l'anglais, langue maternelle ou seconde ou le français, langue seconde.

Dans tous les cas où cela était possible, c'est-à-dire dans les cas où les connaissances fondamentales sont les mêmes, indépendamment de la langue, on a simplement traduit les exercices de la présente série de cahiers d'une langue à l'autre. En ce qui concerne les connaissances de base qui sont différentes en français et en anglais, on a plutôt « adapté » les exercices. Dans les exercices adaptés, il est possible que le contenu français soit très différent du contenu anglais de la page correspondante, mais les deux feuilles d'activités présentent des notions et des habiletés essentielles dans la langue pertinente. Grâce à la combinaison de simples traductions et d'adaptations des exercices, la présente série de cahiers constitue pour les enfants une aide à l'acquisition d'une solide compréhension des notions de base en mathématiques, en lecture et en connaissance de la langue tant en français qu'en anglais.

Les sons/Phonics

Les sons/Phonics constitue une aide efficace à l'enseignement ou à la révision d'une variété de notions de phonétique. Les activités du présent livre permettent de s'exercer à reconnaître les consonnes initiales, à différencier le c « doux » du c « dur », le g doux du g dur, les voyelles graves des voyelles aiguës et les voyelles ouvertes des voyelles fermées, ainsi qu'à reconnaître les digrammes, les suites de consonnes, les syllabes, les antonymes, les synonymes et les homonymes. Les exercices portent aussi sur l'épellation et le remplacement de sons.

Sont aussi offerts :

les exercices français - anglais...

Beginning Sounds:
d, b, p, t, c

Look at the picture. Say its name. Print the beginning sound that you hear on the line in each box.

____	____	____	____
____	____	____	____
____	____	____	____
____	____	____	____

Skill: Recognition of the Initial Consonants d, b, p, t, c

Sons en début de mot : d, b, p, t, c

Observe le dessin. Dis ce que tu y vois. Inscris sur la ligne le premier son que tu prononces.

_____	_____	_____	_____
_____	_____	_____	_____
_____	_____	_____	_____
_____	_____	_____	_____

Habileté : reconnaissance des consonnes initiales d, b, p, t et c

OTM-2519 • SSY1-19 Les sons

Beginning Sounds:
g, y, j, f, k

Look at the picture. Say its name. Print the beginning sound on the line in the box.

Skill: Recognition of the Initial Consonants g, y, j, f, k

Sons en début de mot : g, y, j, f, k

Observe le dessin. Dis ce que tu y vois. Inscris sur la ligne le premier son que tu prononces.

_____	_____	_____	_____
_____	_____	_____	_____
_____	_____	_____	_____
_____	_____	_____	_____

Habileté : reconnaissance des consonnes initiales g, y, j, f et k

Beginning Sounds:
h, s, l, m, n

Look at the picture. Say its name. Print the beginning sound on the line in each box.

Skill: Recognition of the Initial Consonants h, s, l, m, n

8

OTM-2519 • SSY1-19 Les sons

Sons en début de mot : h, s, l, m, n

Observe le dessin. Dis ce que tu y vois. Inscris sur la ligne le premier son que tu prononces.

____	____	____	____
____	____	____	____
____	____	____	____
____	____	____	____

Habileté : reconnaissance des consonnes initiales h, s, l, m et n

Beginning Sounds:
r, v, w, z

Look at the picture. Say its name. Print the beginning sound on the line in each box.

Skill: Recognition of the Initial Consonants r, v, w, z

Sons en début de mot : r, v, w, z

Observe le dessin. Dis ce que tu y vois. Inscris sur la ligne le premier son que tu prononces.

_____	_____	_____	_____
_____	_____	_____	_____
_____	_____	_____	_____
_____	_____	_____	_____

Habileté : reconnaissance des consonnes initiales r, v, w et z

Let's Make Words Using the Sounds
d, b, p, t, c

Look at the picture. Say its name. Spell the word.

___ an	___ at	___ ot	___ at
___ uck	___ en	___ ap	___ ack
___ ig	___ all	___ oys	___ oll
___ op	___ og	___ ag	___ ent

Skill: Recognition of Initial Consonants d, b, p, t, c

Formons des mots à l'aide des sons
d, b, p, t et c

Observe le dessin. Dis ce que tu y vois. Inscris la lettre initiale manquante sur la ligne.

____ oîte	____ œur	____ oint	____ ois
____ anard	____ orte	____ asquette	____ unaise
____ orc	____ allon	____ ableau	____ oupée
____ oupie	____ octeur	____ outeille	____ ente

Habileté : reconnaissance des consonnes initiales d, b, p, t et c

Let's Make Words Using the Sounds g, y, j, f, k

Look at the picture.   Say its name.   Spell the word.

___ un	___ ar	___ ey	___ ard
___ id	___ ox	___ eep	___ am
___ igs	___ arn	___ um	___ ick
___ ug	___ in	___ ak	___ ite

Skill: Recognition of Initial Consonants g, y, j, f, k

Les sons/Phonics

Formons des mots à l'aide des sons g, y, j, f et k

Observe le dessin. Dis ce que tu y vois. Inscris la lettre initiale manquante sur la ligne.

____ enou	____ ournal	____ angarou	____ ogourt
____ etchup	____ ueule	____ eep	____ ambon
____ igues	____ il	____ omme	____ uitare
____ ambe	____ ête	____ ak	____ ayak

Habileté : reconnaissance des consonnes initiales g, y, j, f et k
OTM-2519 • SSY1-19 Les sons

Let's Make Words with the Sounds h, s, l, m, n

Look at the picture. Say its name. Spell the word.

___ ug	___ aw	___ oon	___ og
___ et	___ op	___ ock	___ ut
___ id	___ ap	___ at	___ eg
___ am	___ un	___ ap	___ it

Skill: Recognizing and Using the Initial Consonants h, s, l, m, n

Formons des mots à l'aide des sons h, s, l, m et n

Observe le dessin. Dis ce que tu y vois. Inscris la lettre initiale manquante sur la ligne.

___ uit	___ able	___ une	___ it
___ ez	___ er	___ errure	___ oix
___ ivre	___ ieste	___ iver	___ aine
___ eure	___ oleil	___ ain	___ ac

Habileté : reconnaissance et utilisation des consonnes initiales h, s, l, m et n

Let's Make Words with the Sounds r, v, w, z

Look at the picture. Say its name. Spell the word.

___ ake	___ ebra	___ ig	___ an
___ eb	___ est	___ ero	___ ock
___ ain	___ ind	___ ine	___ ug
___ oom	___ ase	___ ell	___ ing

Skill: Recognizing and Using the Initial Consonants r, v, w, z

Formons des mots à l'aide des sons r, v, w et z

Observe le dessin. Dis ce que tu y vois. Inscris la lettre initiale manquante sur la ligne

___ âteau	___ èbre	___ agon	___ er
___ ideaux	___ oiture	___ éro	___ oche
___ epas	___ odéo	___ igne	___ ue
___ oo	___ ase	___ igwam	___ obe

Ending Sounds: d, m, p, t, f, x, s, g, n, b, l, r

Look at the picture. Say its name. Print its ending sound on the line in the box.

lea ____	do ____	dru ____	bo ____
po ____	sa ____	bu ____	he ____
tu ____	bel ____	ca ____	nu ____
cu ____	be ____	pum ____	ba ____

Skill: Recognizing and Writing Final Consonants.

Sons en fin de mot : f, s (s ou sse), l (l ou le), r (r ou re), y (ille), t (te), ch (che), q, p (pe), c, g (gue)

Observe le dessin. Dis ce que tu y vois. Inscris sur la ligne le dernier son que tu prononces.

feu ____	ba ____	tambou ____	boî ____
cassero ____	tris ____	autobu ____	pou ____
che ____	clo ____	voitu ____	cheva ____
ta ____	cin ____	pom ____	sa ____

Habileté : reconnaissance et écriture des sons de consonnes finaux

OTM-2519 • SSY1-19 Les sons

Let's Review the Beginning and Ending Sounds

b, c, d, f, g, h, j, k, l, m, n, p, r, s, t, v, w, y, x

Look at each picture. Say its name. Print its beginning and ending sound on the lines in each box.

___ o ___	___ ar ___	___ ape ___	___ enci ___
___ o ___	___ arro ___	___ ushroo ___	___ oo ___
___ adybu ___	___ olphi ___	___ if ___	___ eed ___
___ etchu ___	___ a ___	___ e ___	___ otdo ___

Skill: Review of Initial and Final Consonants

OTM-2519 • SSY1-19 Les sons

Revoyons les sons en début et en fin de mot

b, c, d, f, g (g ou ge), h, j, l (l, le ou lle), m, n, p, r (r ou re),
s (s ou sse), t (t ou te), y (ille)

Observe le dessin. Dis ce que tu y vois. Inscris sur les lignes le premier et le dernier son que tu prononces.

___ la ___	___ œu ___	___ ourna ___	___ evoi ___
___ am ___	___ a ___	___ eu ___	___ o ___
___ a ___	___ e ___	___ eu ___	___ a ___
___ ê ___	___ a ___	___ oi ___	___ ot-do ___

Habileté : connaissance de sons de consonnes initiaux et finaux

Fill my honey pots with new words!

Change the last sound of the first word to make two new words.

Example: but   bus   bug   bud

1.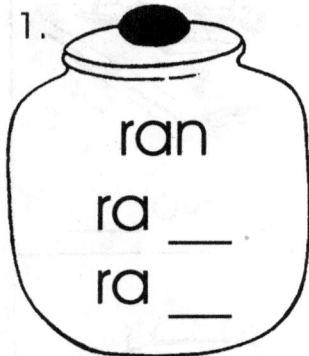
ran
ra __
ra __

2.
can
ca __
ca __

3.
hat
ha __
ha __

4.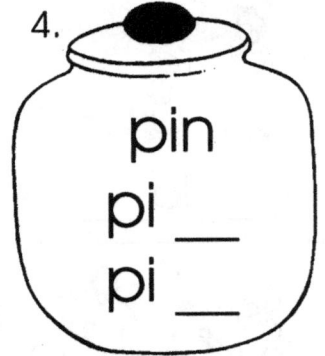
pin
pi __
pi __

5.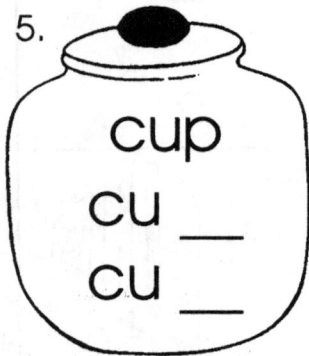
cup
cu __
cu __

6.
hop
ho __
ho __

7.
hut
hu __
hu __

8.
sat
sa __
sa __

9.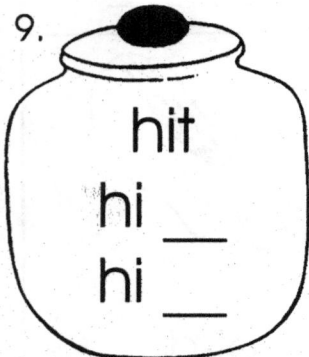
hit
hi __
hi __

10.
bad
ba __
ba __

11.
mad
ma __
ma __

12.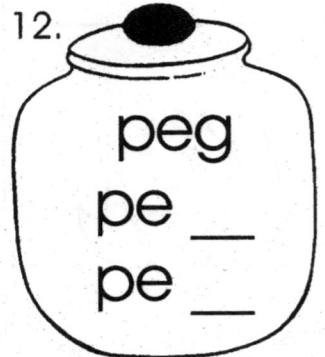
peg
pe __
pe __

Remplis mes pots de miel de nouveaux mots! Change le dernier son du premier mot de façon à en former de nouveaux.

Exemple :   rime   rite   ride   rire

Comme tu peux le voir, le son de consonne est souvent suivi d'un e muet. De plus, il faut parfois doubler la consonne, selon l'orthographe du mot. Enfin, tu peux mettre dans une même liste des voyelles qui ont un accent ou n'en ont pas.

1.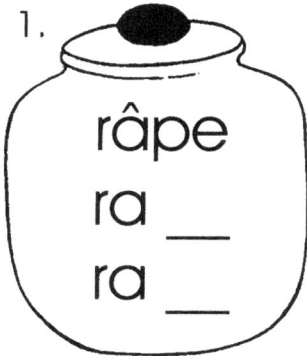

râpe
ra __
ra __

2.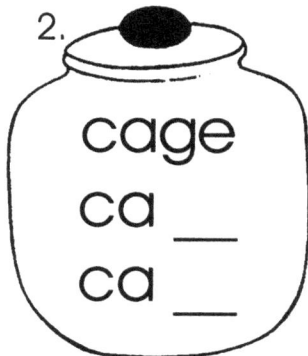

cage
ca __
ca __

3.

dame
da __
da __

4.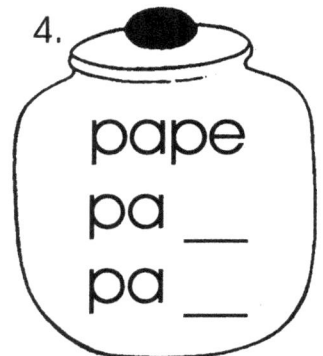

pape
pa __
pa __

5.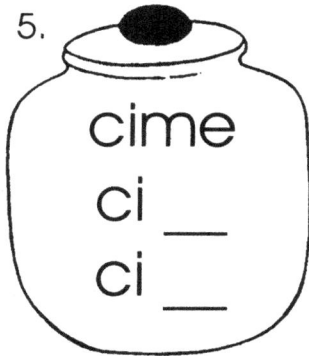

cime
ci __
ci __

6.

digue
dî __
di __

7.

dôme
do __
do __

8.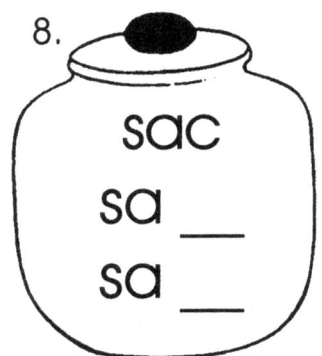

sac
sa __
sa __

9.

dur
du __
du __

10.

bac
ba __
ba __

11.

mare
ma __
ma __

12.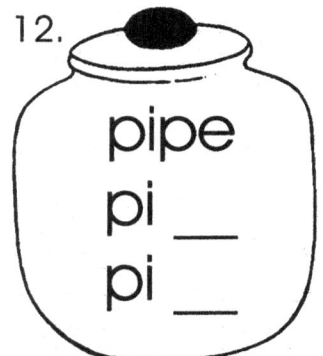

pipe
pi __
pi __

Les sons/Phonics

Sometimes you can hear consonants in the middle of words.

Say the name of each picture.

Print the missing consonants to spell the words correctly.

dra ___ on	le ___ on	ca ___ el	pu ___ ___ y
dre ___ ___ er	ka ___ ak	ke ___ ___ le	la ___ ___ ___ er
mi ___ ___ or	mo ___ ey	pea ___ ut	ra ___ ___ it
ra ___ ___ oon	ra ___ io	squi ___ ___ el	spi ___ er

Skill: Recognition and Writing Medial Consonants

On entend parfois aussi des consonnes en milieu de mot.

Dis ce que tu vois sur le dessin.

Inscris les consonnes manquantes de façon à ce que le mot ait la bonne orthographe.

dra ___ on	ci ___ ___ on	cha ___ eau	cam ___ agne
co ___ ___ ode	ka ___ ak	boui ___ ___ oire	dan ___ er
mi ___ oir	pe ___ ___ onne	ta ___ ___ eau	la ___ in
châ ___ eau	ra ___ io	dî ___ er	tra ___ ail

Habileté : reconnaissance et écriture des sons de consonnes médiaux

Hard and Soft Cc

The word **cat** begins with the **hard c** sound.

The word **mice** has the **soft c** sound.

Print the words in the box under the correct heading.

candy	decide	candle	pencil	camel
fence	celery	cake	cow	ice
coat	corn	place	cookie	cap
city	recess	face	rice	calf

cat

mice

_____   _____

_____   _____

_____   _____

_____   _____

_____   _____

_____   _____

_____   _____

Skill: Recognition of Hard and Soft C

Le Cc « dur » et le Cc « doux »

Le mot **castor** commence par le son du **c dur**.

Le mot **cerf** commence par le son du **c doux**.

Inscris les mots dans la bonne liste selon que le c qui se trouve dans le mot est dur ou doux.

garçon	café	camarade	décider	actuel
merci	cause	ce	exact	remplacer
rencontrer	excellent	Canada	ancien	direct
force	sac	principe	article	cinq

castor

cerf

_____   _____

_____   _____

_____   _____

_____   _____

_____   _____

_____   _____

_____   _____

_____   _____

Habileté : différenciation du Cc dur et du Cc doux

Les sons/Phonics

Listening for the Hard and Soft Gg

The huge, ugly giant loves to count his gold coins.

The words **giant** and **huge** have the **soft g** sound.

The words **gold** and **ugly** have the **hard g** sound.

Color the coins with words that have the **soft g** sound <u>yellow</u>.

Color the coins with words that have the **hard g** sound <u>red</u>.

game	page	flag	ginger	dog
huge	goat	gum	age	orange
gas	cage	tag	garden	sugar
engine	good	bridge	stage	gym

Skill: Recognizing Hard and Soft Gg

À l'écoute du Gg dur ou du Gg doux

Le grand et gentil géant aime compter son argent.

Les mots gentil, géant et argent contiennent le son du **g doux.**

Le mot grand contient le son du **g dur.**

Colorie en <u>jaune</u> les pièces dont le mot contient un **g doux.**

Colorie en <u>rouge</u> les pièces dont le mot contient un **g dur.**

geôlier	page	gagner	garçon	guêpe
gare	gauche	gomme	âge	orange
gaz	cage	gêne	église	genou
genre	géographie	gentil	gorge	goût

Habileté : différenciation du Gg dur et du Gg doux

Long and Short Vowel Aa

Amos Ape loves **apples**.

The word <u>ape</u> begins with the **long a** sound.
<u>Apples</u> begins with the **short a** sound.

Say the name of each picture. On the line print **long a** or **short a**.

_____	_____	_____	_____
_____	_____	_____	_____
_____	_____	_____	_____

Skill: Recognition of Long and Short Vowel a

OTM-2519 • SSY1-19 Les sons

La voyelle Aa grave et la voyelle Aa aiguë

Les ânes d'**Asie** brament.

Les mots <u>âne</u> et <u>brament</u> contiennent un **a grave**.

Le mot <u>Asie</u> contient un **a aigu**.

Dis ce que tu vois sur le dessin. Sur la ligne, inscris **a grave** ou **a aigu**.

Habileté : différenciation du Aa grave et du Aa aigu

Long and Short Vowel Ee

The **Easter** Bunny brings baskets of **eggs** on Easter morning.

Easter begins with the **long e** sound.

Eggs begins with the **short e** sound

Say the name of each picture. On the line print **long e** or **short e**.

_____	_____	_____	_____
_____	_____	_____	_____
_____	_____	_____	_____

Skill: Recognition of Long and Short Ee

Le Ee, le Ee ouvert et le Ee fermé

Voici **les élèves** de la maternelle.

<u>De</u> contient le son **e**.

Les mots <u>les</u> et <u>élèves</u> contiennent des sons de **e fermé**.

Les mots <u>élèves</u> et <u>maternelle</u> contiennent des sons de **e ouvert**.

Les autres **e** (élèves, maternelle) sont des **e muets**.

Dis ce que tu vois sur le dessin. Sur la ligne, inscris **e**, **e ouvert** ou **e fermé**. Ne tiens pas compte des e muets.

Habileté : différenciation du Ee, du Ee ouvert et du Ee fermé

Long and Short Vowel Ii

Issaic Inchworm hides in the leaves so the birds won't see him.

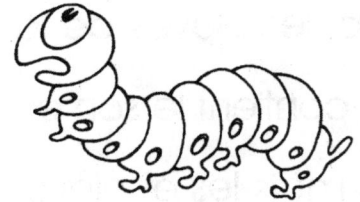

Issaic begins with the **long vowel i** sound.

Inchworm begins with the **short vowel i** sound.

Say the name of each picture.   On the line print **long i** or **short i**.

Skill: Recognition of Long and Short Vowel Ii

Les sons/Phonics

Le son de voyelle eu ouvert et le son de voyelle eu fermé

Isabelle la chenille a un p**eu** p**eur**.

Dans <u>peu</u>, « eu » est un **son fermé**.

Dans <u>peur</u>, « eu » est un **son ouvert**.

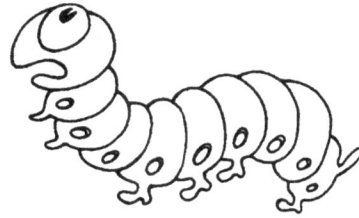

Dis ce que tu vois sur le dessin. Sur la ligne, inscris **eu ouvert** ou **eu fermé**.

Habileté : différenciation du eu ouvert et du eu fermé

© On the Mark Press • S&S Learning Materials   37   OTM-2519 • SSY1-19 Les sons

Long and Short Vowel Oo

Otis Octopus lives in the ocean.

<u>Otis</u> and <u>ocean</u> begin with the **long vowel o** sound.

<u>Octopus</u> begins with the **short vowel o** sound.

Say the name of each picture. On the line print **long o** or **short o**.

Skill: Recognition of Long and Short Vowel Oo

OTM-2519 • SSY1-19 Les sons

Le son de voyelle o ouvert et le son de voyelle o fermé

L'océan est plein d'animaux marins.

Dans <u>océan</u>, « o » est un son ouvert.

Dans <u>animaux</u>, « au » est un son o fermé.

Dis ce que tu vois sur le dessin. Sur la ligne, inscris **o ouvert** ou **o fermé**.

_____	_____	_____	_____
_____	_____	_____	_____
_____	_____	_____	_____

Habileté : différenciation du son o ouvert et du son o fermé

Long and Short Vowel Uu

Ulric Unicorn uses his horn to protect himself.

The word <u>unicorn</u> and the word <u>uses</u> begin with the **long vowel u** sound.

<u>Ulric</u> begins with the **short vowel u** sound.

Say the name of each picture. On the line print **long u** or **short u**.

_____	_____	_____	_____
_____	_____	_____	_____
_____	_____	_____	_____

Skill: Recognition of Long and Short Vowel Uu

40

OTM-2519 • SSY1-19 Les sons

Les voyelles arrondies

Loulou la licorne utilise sa corne pour se protéger.

Il existe aussi des voyelles arrondies : le son « ou » comme dans <u>Loulou</u>, le son « i » comme dans <u>licorne</u> et le son « u » comme dans <u>utilise</u>.

Dis ce que tu vois sur le dessin. Sur la ligne, inscris **ou**, **i** ou **u**.

Il est possible que des mots contiennent plus d'une voyelle arrondie.

_____ _____ _____ _____

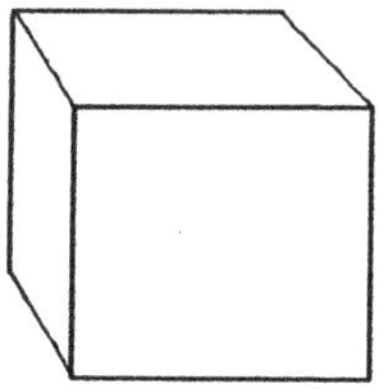

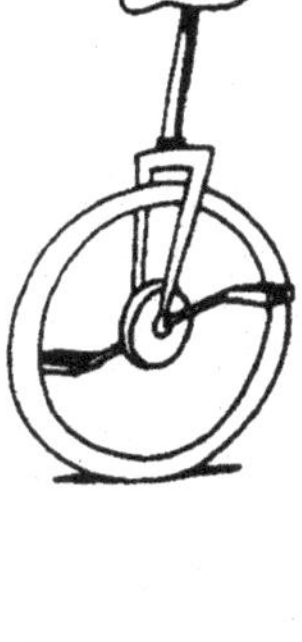

_____ _____ _____ _____

_____ _____ _____ _____

Habileté : différenciation des voyelles arrondies ou, i et u

Les sons/Phonics

How well do you know your vowel sounds?

Record the vowel sound that you hear on the line under each picture.

Example:

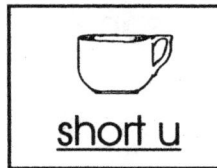

short u

_____	_____	_____	_____
_____	_____	_____	_____
_____	_____	_____	_____
_____	_____	_____	_____

Skill: Review of Long and Short Vowel Sounds a, e, i, o, u

Exercice de phonétique

Inscris sur la ligne les sons de voyelles que tu prononces.

N'inscris pas les e muets. Quand un son est nasal comme dans matin, vent, bon ou lundi, inscris *voyelle nasale*.

Exemple :

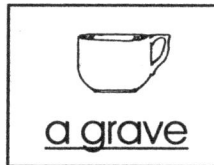

a grave

Habileté : connaissance des sons de voyelles

Name that Digraph

What sound do you hear?

Is it **sh**, **ch**, **wh** or **th**?

Print the sound on the line that is missing from each word.

___ eep	___ ale	mou ___	___ eat
bea ___	too ___	___ imney	___ oe
___ air	bru ___	___ umb	___ istle
___ imble	fi ___	___ eel	___ ur

Skill: Recognition of Digraphs sh, ch, wh, th

Identifie le digramme

Quel son entends-tu?

Est-ce **qu**, **gu**, **ph**, **ch**, **gn** ou **sc**?

Inscris sur la ligne le son qui manque dans le mot.

musi ___ e	lan ___ e	bou ___ e	___ oto
li ___ e	___ ène	___ eminée	___ aussure
___ aise	___ enon	___ are	campa ___ e
___ atre	___ idon	télé ___ one	___ ie

Habileté : reconnaissance des digrammes qu, gu, ph, ch, gn et sc

Les sons/Phonics

Let's Make New Words!

Use the digraphs **ch, sh, th, wh.**

Change the **beginning** sound of the word in the brackets to make a word that will fit the sentence.

1. We will go _____ the school bell rings. (hen)

2. Have you ever traveled on a big _____? (lip)

3. We went to the store to _____ for groceries. (hop)

4. I hope it will stop raining and the sun will _____ soon. (mine)

5. The _____ of the truck were stuck in the mud. (feels)

6. Goldilocks broke the smallest _____ in the bear's house. (fair)

7. Bread is made with the flour that comes from _____. (seat)

8. At school we must _____ carefully about our work. (sink)

9. The giant made the floor _____ as he walked to the other side of the room. (make)

10. Did I _____ you for the beautiful gift? (sank)

11. The sandwich Billy made was so _____ he could hardly get his mouth around it. (sick)

12. In Melanie's class there are _____ children. (dirty)

Skill: Substitution of Digraphs sh, ch, wh, th

Formons de nouveaux mots!

Utilise les digrammes **qu**, **gu**, **ph**, **ch**, **gn** et **sc**.

Remplace le son en caractères **gras** dans le mot entre parenthèses de façon à former le mot qui manque à la phrase.

1. (grand) Nous quitterons l'école _____ la cloche sonnera.

2. (embardée) Mélissa, t'es-tu déjà _____ sur un gros bateau?

3. (lampe) Il se tait comme s'il avait avalé sa _____.

4. (boule) Il ne faut pas parler la _____ pleine.

5. (lire) Les coureurs sont sur la _____ de départ.

6. (tard) Nous arriverons dans un _____ d'heure.

7. (taise) Assieds-toi bien droit sur ta _____.

8. (mare) Les bateaux s'orientent grâce à la lumière du _____.

9. (bidon) Tiens bien ton _____ lorsque tu es à bicyclette.

10. (cycles) Regarde les élégants _____ sur l'étang!

11. (bahut) Il y a trop de bruit, quel _____!

12. (mène) J'adore voir mes groupes préférés chanter sur _____.

Habileté : substitution des digrammes qu, gu, ph, ch, gn et sc à la place d'autres sons

Name That Blend!

Does it begin with an "l" blend or an "r" blend?

Print the correct blend on the line in each word.

bl, cl, fl, gl, pl, sl, br, cr, dr, fr, gr, pr, tr

___ ass	___ ocks	____ agon	___ og
___ ab	___ esent	___ ass	___ ead
___ ee	___ ate	___ idge	___ uck
___ ock	___ ag	___ apes	___ ide

Skill: Recognition of "l" and "r" consonant blends.

Identifie la suite de consonnes!

Le mot contient-il une suite de consonnes qui comprend un « l » ou une suite de consonnes qui comprend un « r »?

Inscris sur la ligne la suite de consonnes qui manque au mot.

bl, cl, fl, gl, pl, rl, br, cr, dr, fr, gr, pr, tr,
rch, rd, rm, rn, rt, rbr

____ é	____ ocs	____ agon	____ enouille
____ abe	____ ésent	fou____ ette	palou ____ e
a __ e	____ an	fe __ e	mon __ e
ho ____ oge	____ aque	____ omage	____ issoire

Habileté : reconnaissance des suites de consonnes qui comprennent un « l » ou un « r »

Let's Use the "r" and "l" Blends

Make new words using the following blends.

br, cr, dr, fr, gr, pr, tr, bl, cl, fl, gl, pl, sl

Print the blend on the line to complete the unfinished word or words in each sentence.

1. Sharon is going on a ___ip to Québec to visit her ___andparents.

2. The town ___ock strikes the time every hour.

3. Sarah ___ushed her hair every morning before school.

4. The ___umber fixed our leaky water pipe.

5. Cinderella wore a beautiful ___ue ___ess to the ball.

6. America's ___ight red, white and blue ___ag waved boldly at the top of the pole.

7. The ___eight ___ain chugged ___owly down the ___acks.

8. Judith wore her favorite ___een ___ouse to school one day.

9. The queen's ___own ___ittered in the sunlight.

10. The ___am ___osed its shell quickly when the fish swam by.

11. The ___own twins are in ___ade four.

12. The dark ___ouds made the day seem sad and ___oomy.

Skill: Using "l" and "r" blends to make new words.

Utilisons les suites de consonnes qui comprennent un « r » ou un « l ».

Complète les mots à l'aide des suites de consonnes ci-dessous.

> ### br, cr, dr, fr, gr, pr, tr, bl, cl, fl, gl, pl, rl, rch, rd, rm, rn, rt

Inscris des suites de consonnes sur les lignes afin de compléter les mots.

1. Sophie part à Québec visiter ses ____ands-parents.

2. L'ho____oge de la ville sonne toutes les heures.

3. Sarah ____osse ses cheveux tous les jours avant de pa____ir à l'école.

4. Le ____ombier a réparé le tuyau qui coulait.

5. Cen____illon po____ait une magnifique robe ____eue lors du bal.

6. Le ____apeau canadien rouge et blanc ____otte ____acieusement au haut du mât.

7. Le ____ain de ma____andises avance en haletant sur les rails.

8. Judith a po____é sa ____ouse ____éférée à l'école l'au____e jour.

9. La couronne de la reine ____illait au soleil.

10. La palou____de a fe____é sa coquille rapidement quand un ____os poisson est passé.

11. Les jumeaux ont ____andi et sont en qua____ième année.

12. Les nuages som____es rendaient la jou____ée ____iste et lugu____e.

Let's Use the "S" Blends!

Say the name of each picture. Print the blend on the line in each word.

sc, st, sp, sn, squ, scr, str, sl, sm, sw, sk, spr

___ail	___ales	___ider	___ake
___ar	___ing	___ate	___oller
___oke	___eigh	___ew	___ay
___unk	___oon	___irrel	___awberry

Skill: Recognition of "S" Blends

OTM-2519 • SSY1-19 Les sons

Utilisons les suites de consonnes qui comprennent un « s »!

Dis ce que tu vois sur le dessin. Inscris sur la ligne la suite de consonnes qui manque au mot.

sc, st, sp, str, scr, spr, rs

e___argot	e___alier	___int	tri___e
arti___e	a___onaute	micro___ope	a___erges
___aghetti	___ylo	e___oc	___ort
pe___onne	e___ace	e___adrille	e___abeau

Habileté : reconnaissance des suites de consonnes qui comprennent un « s »

Let's Make New Words!

Use the "s" blends to complete the words in the sentences.

sc, sl, sm, sn, sp, squ, st, sw, spr, str, scr, sk

1. The robber wanted to ____eal the magic cloth from the magician.

2. The little gray rabbit ____ampered away quickly.

3. The black pepper made Bobby ____eeze several times.

4. The ____oke came pouring out of the barn and flames shot out of the roof.

5. Children should know how to ____im before going into a lake.

6. Please pick up the ____aps of paper on the floor.

7. The ____ong breeze ____ead the flames of the fire through the forest.

8. One ____owy day we ____ated on the ____ooth ice on our pond.

9. The big turtle ____apped at the fish as they ____am by him.

10. The little piglet ____ealed happily when his food was poured into the trough.

11. The teacher asked Stephen to ____eak louder.

12. The man fell on the ____ippery sidewalk and broke his leg.

Skill: Substitution of "S" Blends

Formons de nouveaux mots!

Utilise les suites de consonnes qui comprennent un « s » pour compléter les mots.

| sc, sp, st, scr, spr, str |

1. L'e_____oc voulait voler l'étoffe magique du pre____idigitateur.

2. L'e____argot se dirige lentement ver le potager.

3. Benoît a monté l'e____alier pour se rendre à sa chambre.

4. Les enfants croient que des e____prits mauvais se cachent dans la maison hantée.

5. Tout le village était tri____e en raison de l'incendie.

6. Les œuvres des plus grands arti____es sont dans ce musée.

7. Il exi____e de nombreuses e____èces de chiens.

8. Rodin a fait de magnifiques ____ulptures.

9. On vient de con_____uire une nouvelle maison sur ma rue.

10. J'adore les ____aghettis.

11. Le professeur à demandé aux élèves d'apporter un ____ylo bleu.

12. Le ____ort est excellent pour la santé.

Working with Syllables

A **syllable** is a word part.

Some words have one syllable, some have two, while others have three or more syllables.

Read each word. Then write the number of **vowels** you see, the number of **vowel sounds** you hear, and the **number of syllables** in each word.

	Word	Vowels Seen	Vowel Sounds Heard	Syllables
1.	caboose			
2.	sun			
3.	telephone			
4.	pancakes			
5.	goodness			
6.	elephant			
7.	bread			
8.	snowman			
9.	alphabet			
10.	boat			
11.	hoop			
12.	mother			
13.	teapot			
14.	leaves			
15.	kitten			
16.	steam			

Skill: Recognizing Syllables in Words

Les syllabes

Le mot est formé d'unités nommées **syllabes**.

Les mots peuvent compter une, deux, trois syllabes, ou encore davantage.

Lis chaque mot. Inscris ensuite le nombre de **voyelles** que tu vois dans ce mot, le nombre de **sons de voyelles** que tu entends quand tu le prononces, puis le nombre de **syllabes** qu'il compte.

	Mot	Voyelles dans le mot	Sons de voyelles prononcés	Syllabes
1.	fourgon			
2.	soleil			
3.	téléphone			
4.	crêpes			
5.	bonté			
6.	éléphant			
7.	pain			
8.	bonhomme			
9.	alphabet			
10.	bateau			
11.	cerceau			
12.	mère			
13.	théière			
14.	feuilles			
15.	chaton			
16.	vapeur			

Habileté : reconnaissance des syllabes dans les mots

Antonyms, Homonyms, Synonyms

Antonyms are words that have opposite meanings.

Example: happy – sad

Homonyms are words that sound the same but are not spelled the same way and do not have the same meanings.

Example: maid – made

Synonyms are words that have similar meanings.

Example: happy – glad

Write an **A** on the line if the words are **antonyms**; write an **H** if they are **homonyms**; write and **S** if they are **synonyms**.

1. short, long ____	14. simple, easy ____	27. fat, thin ____
2. sick, healthy ____	15. narrow, wide ____	28. see, sea ____
3. eight, ate ____	16. big, large ____	29. so, sew ____
4. powerful, mighty ____	17. our, hour ____	30. scene, seen ____
5. friend, enemy ____	18. cent, sent ____	31. way, weigh ____
6. blew, blue ____	19. rush, hurry ____	32. slow, fast ____
7. looked, hunted ____	20. open, shut ____	33. beautiful, ugly ____
8. right, write ____	21. small, wee ____	34. tall, short ____
9. cool, warm ____	22. sun, son ____	35. for, four ____
10. beat, beet ____	23. under, over ____	36. sweet, sour ____
11. above, below ____	24. kind, mean ____	37. to, two, too ____
12. quiet, still ____	25. same, different ____	38. shiny, glossy ____
13. through, threw ____	26. in, out ____	39. close, near ____

Skill: Classifying Words as Antonyms, Synonyms and Homonyms

Antonymes, homophones et synonymes

Les **antonymes** sont des mots de sens contraire.

Exemple : joyeux / triste

Les **homophones** sont des mots qui se prononcent de la même façon, mais ont un sens différent.

Exemple : champ / chant

Les **synonymes** sont des mots de sens semblable.

Exemple : joyeux / gai

Inscris un **A** sur la ligne si les mots sont des **antonymes**, un **H** si ce sont des **homophones** et un **S** si ce sont des **synonymes**.

1. court, long ___	14. simple, facile ___	27. gros, mince ___
2. malade, sain ___	15. étroit, large ___	28. mer, mère ___
3. a, à ___	16. grand, vaste ___	29. père, paire ___
4. puissant, imposant ___	17. noix, noie ___	30. taie, tait ___
5. ami, ennemi ___	18. cent, sent ___	31. ça, sa ___
6. seau, sot ___	19. se dépêcher, faire vite ___	32. lent, rapide ___
7. recherché, traqué ___	20. ouvert, fermé ___	33. beau, laid ___
8. peau, pot ___	21. petit, minuscule ___	34. grand, petit ___
9. froid, chaud ___	22. trot, trop ___	35. lait, laid ___
10. son, sont ___	23. sous, sur ___	36. sucré, sûr ___
11. au-dessus, au-dessous ___	24. gentil, méchant ___	37. c'est, ces, ses ___
12. tranquille, immobile ___	25. pareils, différents ___	38. brillant, étincelant ___
13. haie, est ___	26. dedans, dehors ___	39. près, proche ___

Habileté : classer les mots comme antonymes, homophones ou synonymes

Corrigé/Answer Key

Page 4:
Row 1: dog, pail, ball, candle
Row 2: pool, cat, turtle, pencil
Row 3: barn, pond, deer, table
Row 4: dinosaur, toys, balloon, cup

Page 5 :
Rangée 1 : docteur, pied, ballon, carte
Rangée 2 : piscine, chat, tortue, crayon
Rangée 3 : boîte, pain, dos, table
Rangée 4 : dinosaure, tableau, ballon, tasse

Page 6:
Row 1: key, girl, jack-in-the-box, yard
Row 2: yarn, fairy, gorilla, jug
Row 3: kite, fish, jar, kettle
Row 4: yoyo, jack-'o-lantern, fireplace, goat

Page 7 :
Rangée 1 : kangourou, fille, jouets, yogourt
Rangée 2 : fil, fée, gorille, jambe
Rangée 3 : kayak, famille, journal, flûte
Rangée 4 : yoyo, jaguar, foyer, garçon

Page 8:
Row 1: house, leaf, Santa, lamp
Row 2: sack, lemon, hippopotamous, mitten
Row 3: newspaper, horse, mat, net
Row 4: mask, ladder, nine, saw

Page 9 :
Rangée 1 : maison, laine, sac, lampe
Rangée 2 : hotte, lime, hippopotame, moufle/ mitaine
Rangée 3 : neige, hache, main, nez
Rangée 4 : masque, langue, neuf, scie

Page 10:
Row 1: vegetables, rain, zipper, witch
Row 2: window, volcano, robot, ring
Row 3: van, walrus, raccoon, zucchini
Row 4: zebra, rabbit, violin, well

Page 11 :
Rangée 1 : verre, repas, zéro, wagon
Rangée 2 : rideaux, volcan, robot, robe
Rangée 3 : ver, radeau, raton laveur, zoo
Rangée 4 : zèbre, route/rue, violon, wigwam

Page 12:
Row 1: can, cat, pot, bat
Row 2: duck, pen, cap, tack
Row 3: pig, ball, toys, doll
Row 4: top, dog, bag, tent

Page 13 :
Rangée 1 : boîte, cœur, point, bois
Rangée 2 : canard, porte, casquette, punaise
Rangée 3 : porc, ballon, tableau, poupée
Rangée 4 : toupie, docteur, bouteille, tente

Page 14:
Row 1: gun, jar, key, yard
Row 2: kid, fox, jeep, jam
Row 3: figs, yarn, gum, kick
Row 4: jug, fin, yak, kite

Page 15 :
Rangée 1 : genou, journal, kangourou, yogourt
Rangée 2 : ketchup, gueule, jeep, jambon
Rangée 3 : figues, fil, gomme, guitare
Rangée 4 : jambe, fête, yak, kayak

Page 16:
Row 1: hug, saw, moon, log
Row 2: net, mop, lock, nut
Row 3: lid, nap, hat, leg
Row 4: ham, sun, map, sit

Page 17 :
Rangée 1 : huit, sable, lune, lit
Rangée 2 : nez, mer, serrure, noix
Rangée 3 : livre, sieste, hiver, laine
Rangée 4 : heure, soleil, main, sac

Page 18:
Row 1: rake, zebra, wig, van
Row 2: web, vest, zero, rock
Row 3: rain, wind, vine, rug
Row 4: zoom, vase, well, ring

Page 19 :
Rangée 1 : râteau, zèbre, wagon, ver
Rangée 2 : rideaux, voiture, zéro, roche
Rangée 3 : repas, western, vigne, rue
Rangée 4 : zoo, vase, wigwam, robe

Page 20:
Row 1: leaf, dog, drum, box
Row 2: pot, sad, bus, hen
Row 3: tub, bell, car, nut
Row 4: cup, bed, pump, bag

Page 21 :
Rangée 1 : feuille, bague, tambour, boîte
Rangée 2 : casserole, triste, autobus, poule
Rangée 3 : chef, cloche, voiture, cheval
Rangée 4 : tasse, cinq, pompe, sac

Page 22:
Row 1: **p**op, **b**arn, **p**aper, **p**encil
Row 2: **f**ox, **c**arrot, **m**ushroom, **r**oof
Row 3: ladybu**g**, **d**olphin, **g**ift, **s**eed**s**
Row 4: ketchu**p**, **j**ar, **w**eb, **h**otdog

Page 23 :
Rangée 1 : **c**lasse; **c**œur; **j**ournal; **d**evoir
Rangée 2 : **f**am**ill**e; **l**ac; **h**eure; **b**ol
Rangée 3 : **b**alle; **m**er; **n**euf; **p**age
Rangée 4 : **t**ête; **s**ac; **t**oi**l**e; **h**ot-dog

Page 24:
Answers may vary. The words must make sense.

Page 25 :
Les réponses varieront. Les mots doivent exister.

Page 26:
Row 1: dragon, lemon, camel, puppy

Row 2: dresser, kayak, kettle, ladder
Row 3: mirror, money, peanut, rabbit
Row 4: raccoon, radio, squirrel, spider

Page 27 :
Rangée 1 : dragon, citron, chameau, campagne
Rangée 2 : buffet, kayak, bouilloire, danser
Rangée 3 : miroir, personne, tableau, lapin
Rangée 4 : château, radio, dîner, travail

Page 28:
Hard C: candy, coat, corn, candle, cake, cow, cookie, camel, cap, calf
Soft C: fence, city, decide, celery, recess, place, face, pencil, nice, ice

Page 29 :
C dur : café, camarade, actuel, cause, exact, rencontrer, Canada, direct, sac, article
C doux : garçon, décider, merci, ce, remplacer, excellent, ancien, force, principe, cinq

Page 30:
Yellow: page, ginger, huge, gym, age, orange, cage, engine, stage, bridge
Red: game, flag, dog, goat, gum, gas, tag, garden, sugar, good

Page 31 :
Jaune : geôlier, page, âge, orange, cage, gêne, genou, genre, gentil
Rouge : gagner, garçon, guêpe, gare, gauche, gomme, gaz, église, goût
Jaune et rouge : géographie, gorge

Page 32:
Row 1: Short a, Long a, Short a, Short a
Row 2: Long a, Long a, Short a, Long a
Row 3: Short a, Long a, Short a, Long a

Page 33 :
Rangée 1 : a aigu, a aigu, a grave, a aigu
panier - lac - casse - tête - lapin
Rangée 2 : a grave, a grave, a aigu, a grave
bâton - repas - hache - bras
Rangée 3 : a aigu, a aigu, a grave, a grave
sac - chasse (or chasseur) -
classe - pâtes

Page 34:
Row 1: Long e, Short e, Short e, Long e
Row 2: Short e, Long e, Short e, Long e
Row 3: Long e, Short e, Long e, Short e

Page 35 :
Rangée 1 : e fermé, e ouvert, e ouvert, e fermé
Rangée 2 : e fermé, e ouvert, e, e fermé
Rangée 3 : e ouvert, e, e ouvert, e et e ouvert

Page 36:
Row 1: Short i, Long i, Short i, Long i
Row 2: Short i, Short i, Long i, Long i
Row 3: Short i, Long i, Short i, Long i

Page 37 :
Rangée 1 : eu ouvert, eu fermé, eu ouvert, eu fermé
Rangée 2 : eu ouvert, eu fermé, eu ouvert, eu fermé
Rangée 3 : eu fermé, eu ouvert, eu ouvert, eu fermé

Page 38:
Row 1: Long o, Short o, Short o, Long o
Row 2: Short o, Long o, Long o, Short o
Row 3: Long o, Long o, Short o, Short o

Page 39 :
Rangée 1 : o fermé, o ouvert, o fermé, o ouvert
Rangée 2 : o fermé, o fermé, o ouvert, o ouvert
Rangée 3 : o fermé, o fermé, o ouvert, o ouvert

Page 40:
Row 1: Long u, Long u, Short u, Short u
Row 2: Long u, Long u, Short u, Short u
Row 3: Short u, Long u, Short u, Long u

Page 41 :
Rangée 1 : u, i; ou; ou; i
Rangée 2 : u; u, i; ou; i
Rangée 3 : i; u, i; i; u, i, i

Page 42:
Row 1: Long i, Short u, Short o, Long u
Row 2: Long e, Short a, Short a, Long e
Row 3: Short o, Long e, Long u, Long i
Row 4: Short e, Long o, Short i, Long a

Page 43 :
Rangée 1 : i, i, e ouvert; a aigu, a aigu; i, voyelle nasale; u, i, o ouvert
Rangée 2 : eu ouvert; a aigu; o fermé, ou, i; a aigu, o ouvert
Rangée 3 : e, ou; a aigu, e ouvert; u, i; ou, o fermé
Rangée 4 : eu fermé; o ouvert; e fermé, voyelle nasale; voyelle nasale

Page 44:
Row 1: sheep, whale, mouth, wheat
Row 2: beach, tooth, chimney, shoe
Row 3: chair, brush, thumb, whistle
Row 4: thimble, fish, wheel, church

Page 45 :
Rangée 1 : musique, langue, bouche, photo(graphie)
Rangée 2 : ligne, scène, cheminée, chaussure
Rangée 3 : chaise, guenon, phare, campagne
Rangée 4 : quatre, guidon, téléphone, scie

Page 46:
1. when 2. ship 3. shop 4. shine
5. wheels 6. chair 7. wheat 8. think
9. shake 10. thank 11. thick 12. thirty

Page 47 :
1. quand 2. embarquée 3. langue
4. bouche 5. ligne 6. quart
7. chaise 8. phare 9. guidon
10. cygnes 11. chahut 12. scène

Page 48:
Row 1: grass, blocks, dragon, frog
Row 2: crab, present, glass, bread
Row 3: tree, plate, bridge, truck
Row 4: clock, flag, grapes, slide

Page 49 :
Rangée 1 : blé, blocs, dragon, grenouille
Rangée 2 : crabe, présent, fourchette, palourde
Rangée 3 : arbre, plan, ferme, montre
Rangée 4 : horloge, flaque, fromage, glissoire

Page 50:
1. trip, grandparents
2. clock
3. brushed
4. plumber
5. blue, dress
6. bright, flag
7. freight train, slowly, tracks
8. green, blouse
9. crown, glittered
10. clam, closed
11. Brown, grade
12. clouds, gloomy

Page 51 :
1. grands-parents
2. horloge
3. brosse, partir
4. plombier
5. Cendrillon, portrait, bleue
6. drapeau, flotte, gracieusement
7. train, marchandises
8. porté, blouse, préférée, autre
9. brillait
10. palourde, fermé, gros
11. grandi, quatrième
12. sombres, journée, triste, lugubre

Page 52:
Row 1: snail, scales, spider, snake
Row 2: star, swing, skate, stroller
Row 3: smoke, sleigh, screw, spray
Row 4: skunk, spoon, squirrel, strawberry

Page 53 :
Rangée 1 : escargot, escalier, sprint, triste
Rangée 2 : artiste, astronaute, microscope, asperge(s)
Rangée 3 : spaghetti, stylo, escroc, sport
Rangée 4 : personne, espace, espadrille, escabeau

Page 54:
1. steal
2. scampered
3. sneeze
4. smoke
5. swim
6. scraps
7. strong, spread
8. snowy, skated, smooth
9. snapped, swam
10. squealed
11. speak
12. slippery

Page 55 :
1. escroc, prestidigitateur
2. escargot
3. escalier
4. esprits
5. triste
6. artistes
7. existe, espèces
8. sculptures
9. construire
10. spaghettis
11. stylo
12. sport

Page 56:
1. caboose – 4, 2, 2
2. sun – 1, 1, 1
3. telephone – 4, 3, 3
4. pancakes – 3, 2, 2
5. goodness – 3, 2, 2
6. elephant – 3, 3, 3
7. bread – 2, 1, 1
8. snowman – 2, 2, 2
9. alphabet – 3, 3, 3
10. boat - 2, 1, 1
11. hoop - 2, 1, 1
12. mother – 2, 2, 2
13. teapot – 3, 2, 2
14. leaves – 3, 1, 1
15. kitten – 2, 2, 2
16. steam – 2, 1, 1

1. fourgon - 3, 2, 2
2. soleil - 3, 2, 2
3. téléphone - 4, 3, 4
4. crêpes - 2, 1, 2
5. bonté - 2, 2, 2
6. éléphant - 3, 3, 3
7. pain - 2, 1, 1
8. bonhomme - 3, 2, 3
9. alphabet - 3, 3, 3
10. bateau - 4, 2, 2
11. cerceau - 4, 2, 2
12. mère - 2, 1, 2
13. théière - 4, 2, 3
14. feuilles - 4, 1, 2
15. chaton - 2, 2, 2
16. vapeur - 3, 2, 2

Page 58:

1. A	2. A	3. H	4. S	5. A	6. H	7. S	8. H	9. A
10. H	11. A	12. S	13. H	14. S	15. A	16. S	17. H	18. H
19. S	20. A	21. S	22. H	23. A	24. A	25. A	26. A	27. A
28. H	29. H	30. H	31. H	32. A	33. A	34. A	35. H	36. A
37. H	38. S	39. S						

Page 59 :

1. A	2. A	3. H	4. S	5. A	6. H	7. S	8. H	9. A
10. H	11. A	12. S	13. H	14. S	15. A	16. S	17. H	18. H
19. S	20. A	21. S	22. H	23. A	24. A	25. A	26. A	27. A
28. H	29. H	30. H	31. H	32. A	33. A	34. A	35. H	36. A
37. H	38. A	39. S